AF194888

Impressum

Verlag: BABADADA GmbH, Nedderfeld 112 , 22529 Hamburg

Geschäftsführer / Verlagsleitung: Harald Hof

Druck: Books on Demand GmbH, In de Tarpen 42, 22848 Norderstedt

Imprint

Publisher: BABADADA GmbH, Nedderfeld 112 , 22529 Hamburg, Germany

Managing Director / Publishing direction: Harald Hof

Print: Books on Demand GmbH, In de Tarpen 42, 22848 Norderstedt

تقسیم کردن
diviser

186/2

تخته
tableau noir

صنف درسی
salle de classe

حیاط مکتب
cour (de récréation)

معلم
professeur

کاغذ
papier

نوشتن
écrire

خودکار
stylo

میز کار
bureau

خط کش
règle

کتاب
livre

شاگرد
élève

بیگ مکتب
cartable

قلم دانی
trousse

پنسل
crayon

پنسل تراش
taille-crayon

پنسل پاک
gomme

کتابچه رسم
carnet à dessin

نقاشی
dessin

برس رنگ زنی
pinceau

بکسک رنگه
boîte de peinture

قیچی
ciseaux

سریش
colle

کتاب تمرین
cahier d'exercices

کار خانگی
devoirs

12

عدد
chiffre

2+2

جمع کردن
additionner

5-2

تفریق کردن
soustraire

2×2

ضرب کردن
multiplier

حساب کردن
calculer

A

حرف
lettre

ABCDEFG
HIJKLMN
OPQRSTU
VWXYZ

الفبا
alphabet

hello

کلمه
mot

متن

....

texte

خواندن

....

lire

تباشیر

....

craie

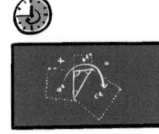

درس

....

leçon

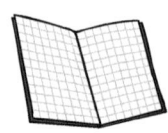

ثبت نام

....

livre de classe

امتحان

....

examen

تصدیقنامه

....

certificat

یونیفورم مکتب

....

uniforme scolaire

تحصیل

....

formation

دانشنامه

....

lexique

پوهنتون

....

université

مایکروسکوپ

....

microscope

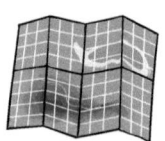

نقشه

....

carte

سبد کاغذ باطله

....

corbeille à papier

سفر

voyage

هوتل
hôtel
Grand
لیلیه
auberge
ROOMS
دفتر صرافی
bureau de change
EXCHANGE
بیگ سفری
valise
موتر
voiture

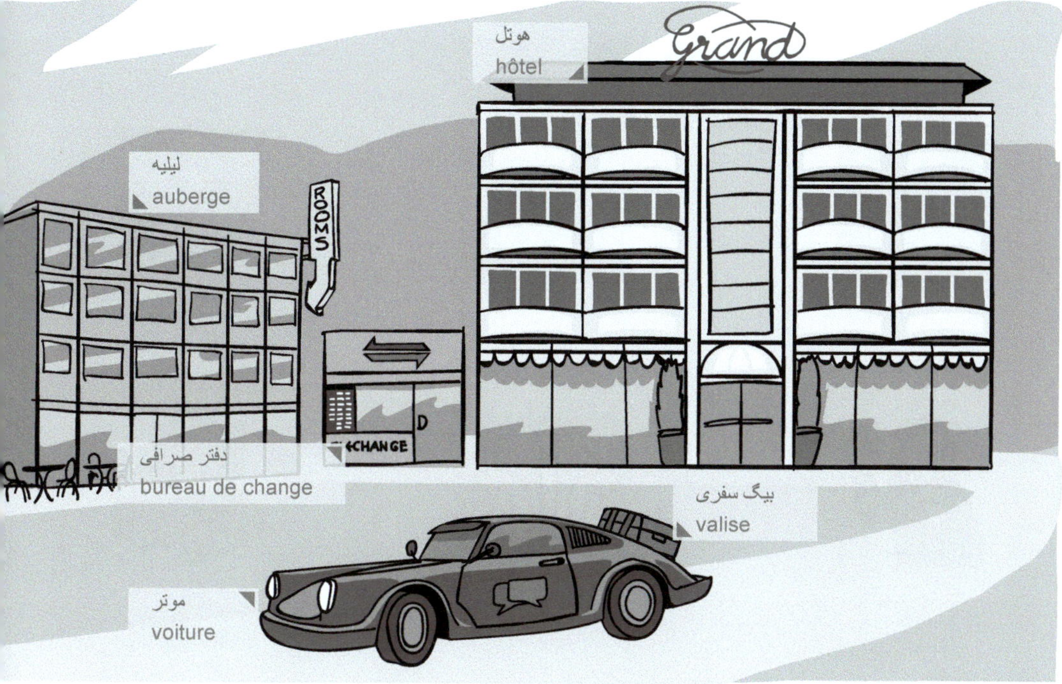

زبان

langue

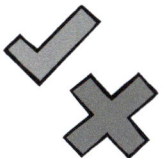

بلی / نخیر

oui / non

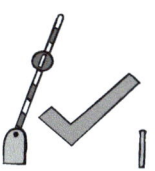

بسیار خوب

d'accord

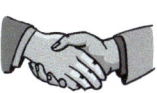

سلام

Salut

مترجم

interprète

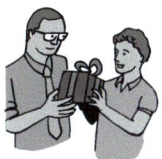

تشکر از شما

merci

قیمتش چقدر است؟

Combien coûte...?

نمی فهمم

Je ne comprends pas

مشکل

problème

عصر بخیر! / شب بخیر!

Bonsoir !

صبح بخیر!

Bonjour !

شب بخیر!

Bonne nuit !

خداحافظ

Au revoir

مسیر

direction

بار مسافر

bagages

بیگ

sac

بیگ پشتی

sac-à-dos

مهمان

hôte

اطاق

pièce

بستره خواب سیار

sac de couchage

خیمه

tente

معلومات توریستی
office de tourisme

ساحل
plage

کریدیت کارت
carte de crédit

صبحانه
petit-déjeuner

طعام چاشت
déjeuner

غذای شام
dîner

تکت
billet

لفت
ascenseur

مهر
timbre

مرز
frontière

گمرک
douane

سفارتخانه
ambassade

ویزه
visa

پاسپورت
passeport

طياره
avion

كشتى
navire

موتر اطفاييه
véhicule de pompiers

لارى
camion

بس
bus

قايق موتورى
bateau à moteur

بايسكل
bicyclette

موتر
voiture

كشتى
ferry

قايق
barque

موترسايكل
moto

موتر پوليس
voiture de police

موتر مسابقه
voiture de course

موتر كرايى
voiture de location

اشتراک وسایط

auto-partage

جرثقیل

voiture de remorquage

موتر حمل زباله

benne à ordures

موتور

moteur

تیل

essence

تانک تیل

station d'essence

علامت ترافیکی

panneau indicateur

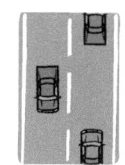

عبور و مرور

trafic

راهبندان

embouteillage

پارک وسایط

parking

ایستگاه ریل

gare

خط ریل

rails

ریل

train

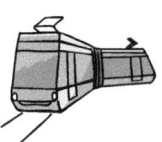

ریل برقی

tramway

واگن

wagon

هلیکوپتر
....
hélicoptère

میدان هوایی
....
aéroport

برج
....
tour

مسافر
....
passager

کانتینر
....
conteneur

کارتن
....
carton

گادی
....
chariot

سبد
....
corbeille

پرواز کردن / فرود آمدن
....
décoller / atterrir

شهر

ville

قریه
....
village

تیاتر شهر
....
centre-ville

خانه
....
maison

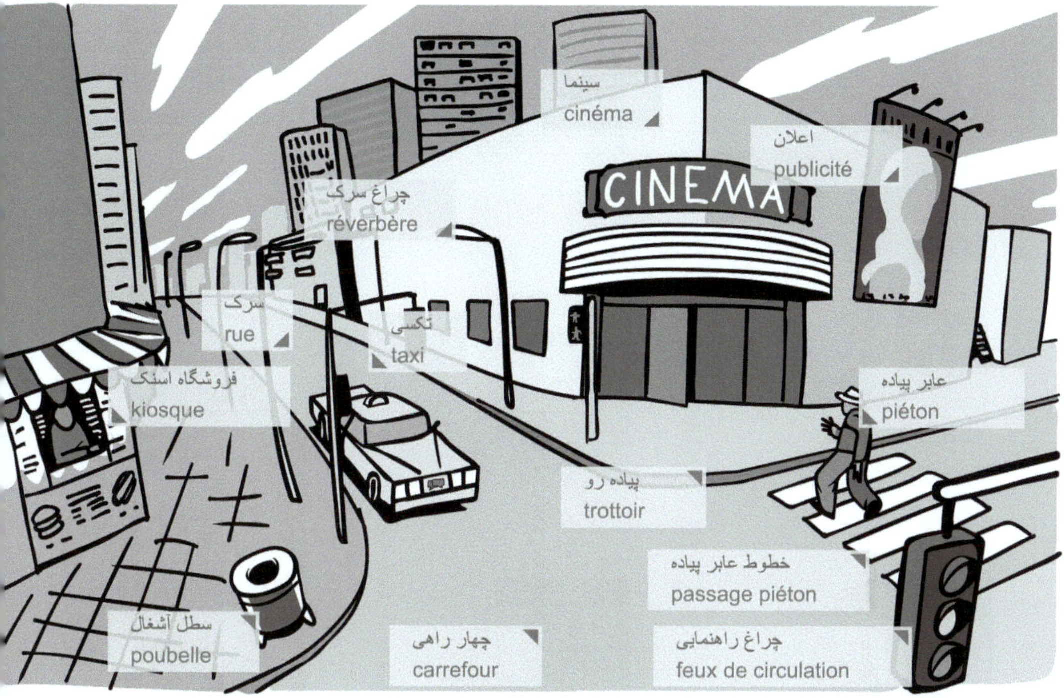

سینما
cinéma

اعلان
publicité

چراغ سرک
réverbère

CINEMA

سرک
rue

تکسی
taxi

فروشگاه اسنک
kiosque

عابر پیاده
piéton

پیاده رو
trottoir

خطوط عابر پیاده
passage piéton

سطل آشغال
poubelle

چهار راهی
carrefour

چراغ راهنمایی
feux de circulation

کلبه

cabane

آپارتمان

appartement

ایستگاه ریل

gare

تالار شهر

mairie

موزیم

musée

مکتب

école

پوهنتون

université

بانک

banque

شفاخانه

hôpital

هوتل

hôtel

دواخانه

pharmacie

دفتر

bureau

کتابفروشی

librairie

مغازه

magasin

گل فروشی

fleuriste

سوپر مارکیت

supermarché

فروشگاه

marché

فروشگاه

grand magasin

ماهی فروشی

poissonnerie

مرکز خرید

centre commercial

بندر

port

پارک

parc

دراز چوکی

banque

پل

pont

زینه ها

escaliers

مترو

métro

تونل

tunnel

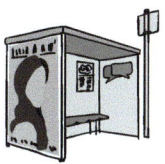

ایستگاه بس

arrêt de bus

میخانه

bar

رستورانت

restaurant

صندوق پست

boîte à lettres

علامت سرک

panneau indicateur

ماشین پارکو متر

parcmètre

باغ وحش

zoo

حوض آببازی

piscine

مسجد

mosquée

مزرعه

ferme

آلوده گی

pollution

قبرستان

cimetière

کلیسا

église

میدان بازی

aire de jeux

معبد

temple

چشم انداز

paysage

برگ
feuille

لوحه
panneau indicateur

راه
chemin

علفزار
pré

سنگ
pierre

درخت
arbre

کوهنورد
randonneur

دریا
rivière

علف
herbe

گل
fleur

دره
....
vallée

تپه
....
montagne

دریاچه
....
lac

جنگل
....
forêt

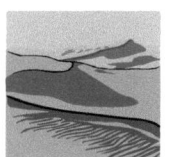

صحرا
....
désert

آتشفشان
....
volcan

قلعه
....
château

رنگین کمان
....
arc-en-ciel

سمارق
....
champignon

درخت آلو
....
palmier

پشه
....
moustique

مگس
....
mouche

مورچه
....
fourmis

زنبور
....
abeille

عنکبوت
....
araignée

قانغوزک

coléoptère

بقه

grenouille

موش خرما

écureuil

خارپشت

hérisson

خرگوش صحرایی

lièvre

بوم

chouette

پرنده

oiseau

مرغابی

cygne

خوک وحشی

sanglier

گوزن

cerf

گوزن شمالی

élan

بند آب

barrage

توربین بادی

éolienne

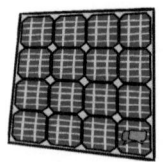

صفحه خورشیدی

panneau solaire

آب و هوا

climat

چشم انداز - paysage

رستورانت

restaurant

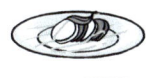

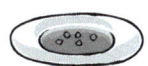

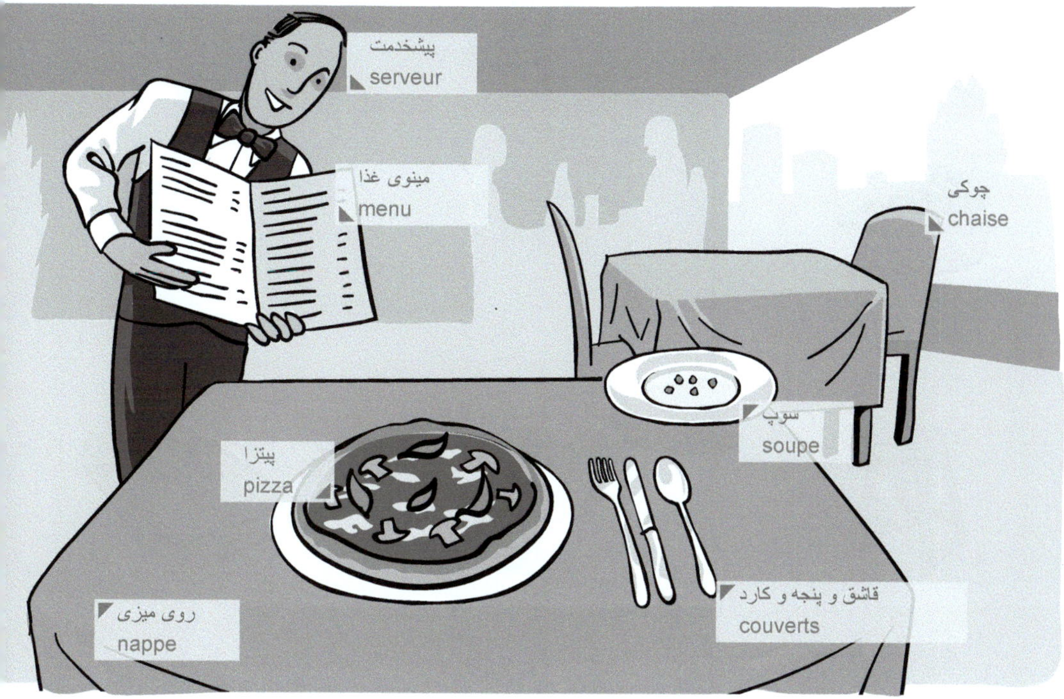

پیشخدمت
serveur
مینوی غذا
menu
چوکی
chaise
سوپ
soupe
پیتزا
pizza
روی میزی
nappe
قاشق و پنجه و کارد
couverts

پیش غذا

hors d'œuvre

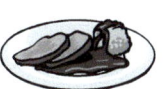

غذای اصلی

plat principal

شرینی

dessert

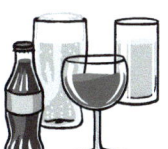

نوشیدنی ها

boissons

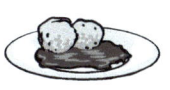

غذا

alimentation

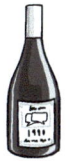

بوتل

bouteille

فاست فود

fast-food

غذای کنار سرک

plats à emporter

چاینک/ترموز

théière

قندانی

sucrier

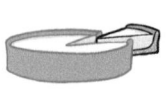

بخش غذا

portion

دستگاه اسپرسو

machine à expresso

چوکی بلند

chaise haute

بل

facture

پطنوس

plateau

چاقو

couteau

پنجه

fourchette

قاشق

cuillère

قاشق چای خوری

cuillère à thé

دستپاک دسترخوان یا میز

serviette

گیلاس

verre

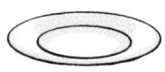

بشقاب
....
assiette

بشقاب سوپ
....
assiette à soupe

نعلبکی
....
soucoupe

چتنی
....
sauce

نمکدان
....
salière

آسیاب مرچ
....
moulin à poivre

سرکه
....
vinaigre

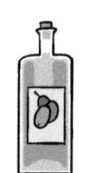

روغن خوراکی
....
huile

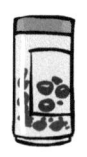

ادویه
....
épices

کچاپ
....
ketchup

ساس خردل
....
moutarde

مایونز
....
mayonnaise

سوپر مارکیت

supermarché

پیشنهاد خاص
offre promotionnelle
FOR
مشتری
client
لبنیات
produits laitiers
میوه
fruits
چرخ دستی
chariot

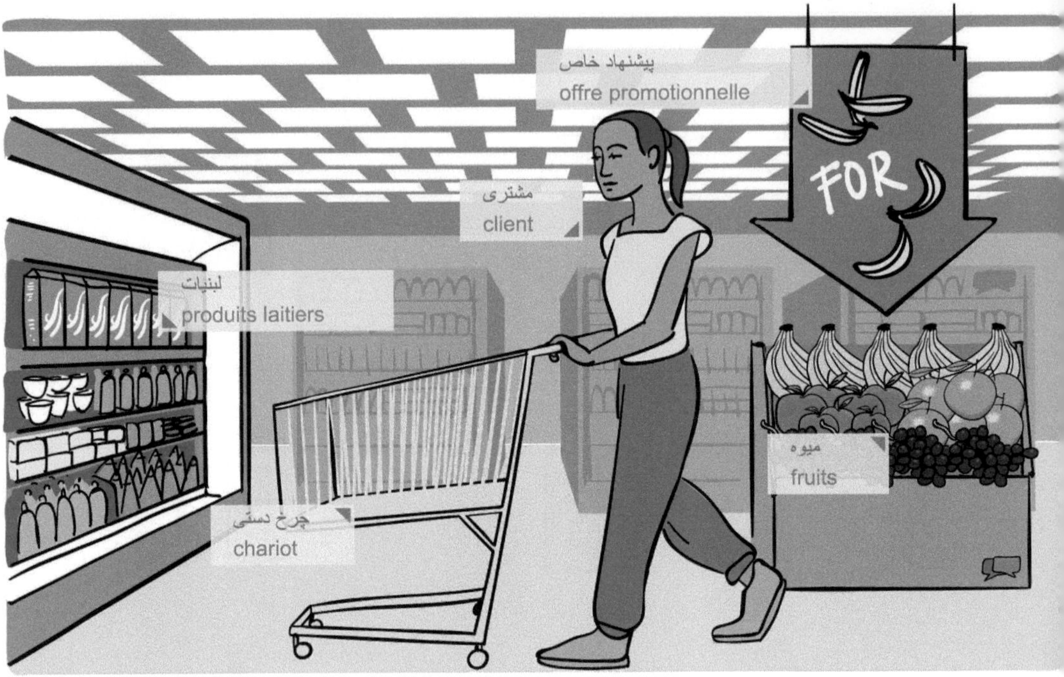

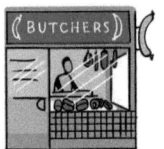

BUTCHERS

قصابی

boucherie

BAKERY

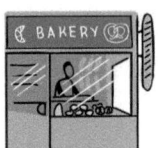

نانوایی

boulangerie

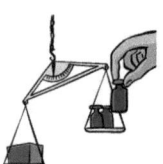

وزن کردن

peser

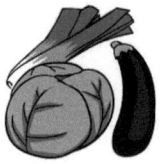

سبزیجات

légumes

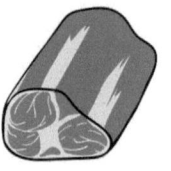

گوشت

viande

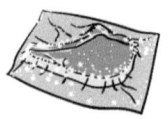

غذای منجمد

aliments surgelés

غذای سرد

charcuterie

غذای کنسر شده

conserves

پودر رختشویی

poudre à lessive

شیرینی

bonbons

لوازم خانگی

articles ménagers

محصولات پاک کننده

détergents

فروشنده

vendeuse

دخل پیسه

caisse

صندوقدار

caissier

لست خرید

liste d'achats

ساعات کاری

heures d'ouverture

بکسک جیبی

portefeuille

کریدیت کارت

carte de crédit

بیگ

sac

بیگ پلاستیکی

sac en plastique

آب

eau

جوس

jus de fruit

شیر

lait

نوشابه

coca

شراب

vin

بیر

bière

الکول

alcool

ککو

chocolat chaud

چای

thé

قهوه

café

أسپرسو

expresso

کاپوچینو

cappuccino

كيله

banane

سيب

pomme

مالته

orange

تربوز

melon

ليمو

citron

زردگ

carotte

سير

ail

چوب خيزران

bambou

پياز

oignon

سمارق

champignon

مغزيات

noisettes

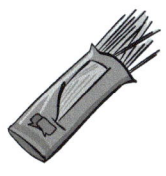

آش

pâtes

مكرونى
....
spaghetti

برنج
....
riz

سلاد
....
salade

چیپس
....
pommes frites

کچالو سرخ کرده
....
pommes de terre rôties

پیتزا
....
pizza

همبرگر
....
hamburger

ساندویچ
....
sandwich

کتلت
....
escalope

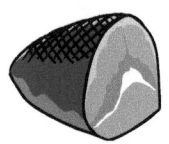

همبرگر
....
jambon

سالامی
....
salami

ساسج
....
saucisse

مرغ
....
poulet

کباب
....
rôti

ماهى
....
poisson

فرنی جو

flocons d'avoine

صبحانه رژیمی

muesli

کورن فلکس

cornflakes

آرد

farine

کروسانت

croissant

قرص نان

petits-pains

نان خشک

pain

توست / نان بریان

pain grillé

بیسکیت

biscuits

مسکه

beurre

چکه

le fromage blanc

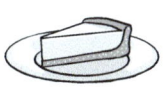

کیک

gâteau

تخم مرغ

œuf

تخم مرغ سرخ شده

œuf au plat

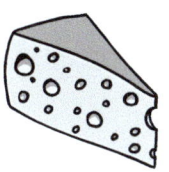

پنیر

fromage

آیسکریم

glace

شکر

sucre

عسل

miel

مربا

confiture

مسکه چاکلیت

crème nougat

زردچوبه هندی

curry

مزرعه

ferme

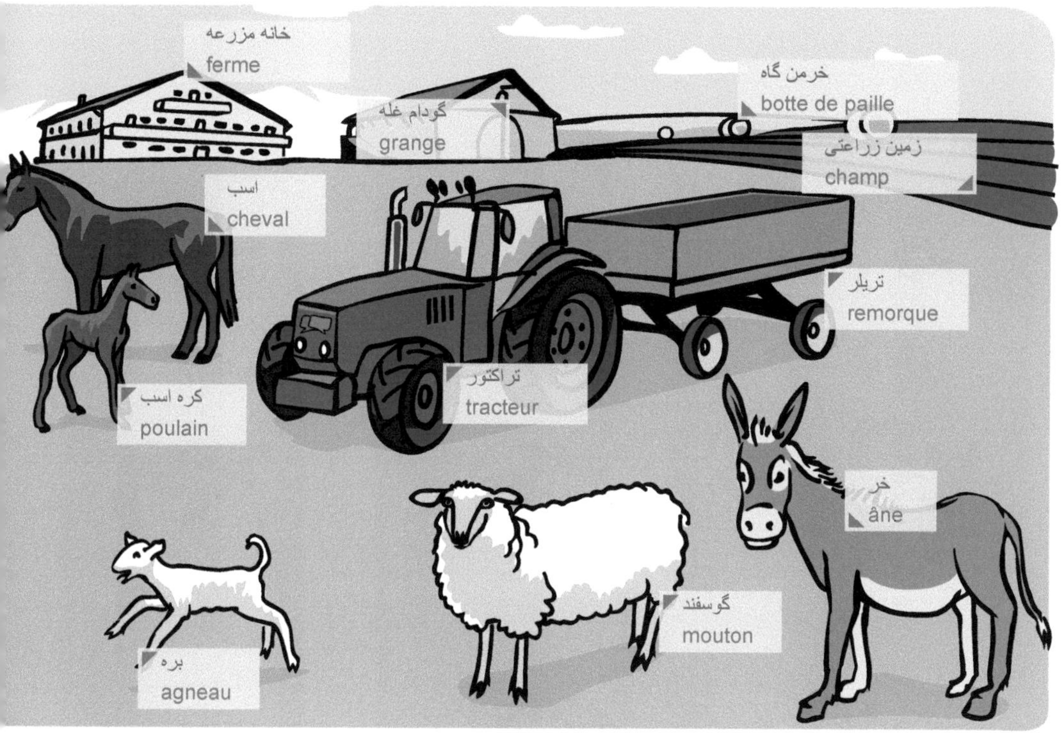

خانه مزرعه
ferme
گودام غله
grange
خرمن گاه
botte de paille
زمین زراعتی
champ
اسب
cheval
تریلر
remorque
تراکتور
tracteur
کره اسب
poulain
خر
âne
گوسفند
mouton
بره
agneau

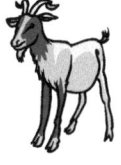

بز
chèvre

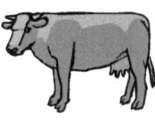

گاو
vache

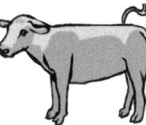

گوساله
veau

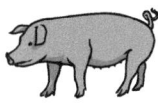

خوک
porc

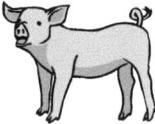

خوکچه
porcelet

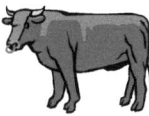

گاو نر
taureau

قاز

oie

مرغابی

canard

چوچه مرغ

poussin

مرغ

poule

خروس

coq

موش صحرایی

rat

پیشک

chat

موش

souris

گاومیش

bœuf

سگ

chien

خانه سگ

chenil

خانه باغ

tuyau de jardin

آبپاش

arrosoir

داس

faucheuse

قولبه کردن

charrue

داس
....
faucille

کج بیل
....
pioche

چنگال باغبانی
....
fourche

تبر
....
hache

کراچی
....
brouette

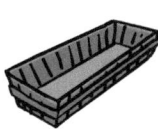

تغار
....
cuve

قوطی شیر
....
pot à lait

بوجی
....
sac

دیوار مرزی از چوب یا سیم خار دار

....
clôture

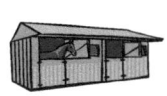

پایدار
....
étable

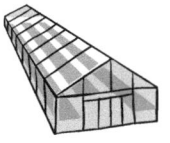

گلخانه
....
serre

خاک
....
sol

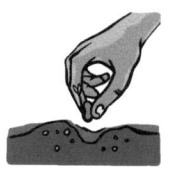

تخم
....
semences

کود
....
engrais

ماشین درو وخرمنکوبی
....
moissonneuse-batteuse

درو کردن

récolter

درو

récolte

کچالو شرین

igname

گندم

blé

سویا

soja

کچالو

pomme de terre

جواری

maïs

کلزا

colza

درخت میوه

arbre fruitier

مانیوک

manioc

غلات و حبوبات

céréales

خانه

maison

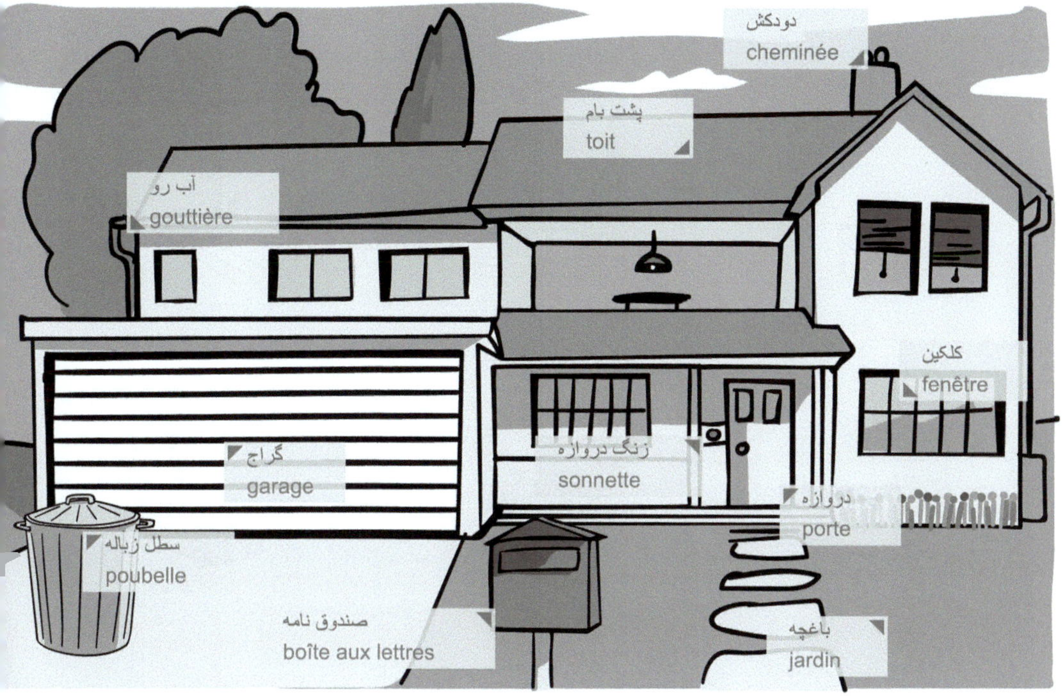
دودکش
cheminée
پشت بام
toit
آب رو
gouttière
کلکین
fenêtre
زنگ دروازه
sonnette
گراج
garage
دروازه
porte
سطل زباله
poubelle
صندوق نامه
boîte aux lettres
باغچه
jardin

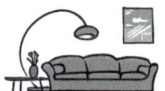

اطاق نشیمن

salon

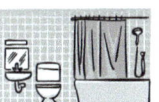

حمام / دستشویی

salle de bain

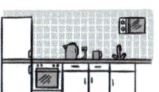

آشپزخانه

cuisine

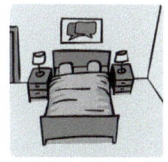

اطاق خواب

chambre à coucher

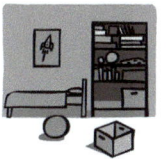

اطاق اطفال

chambre d'enfant

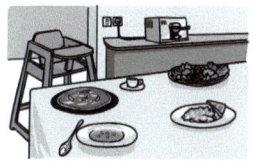

اطاق پذیرایی

salle à manger

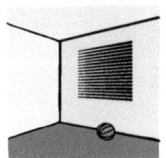

کف زمین

sol

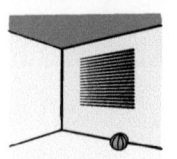

دیوار

mur

سقف

plafond

گودام زیر زمینی

cave

سونا

sauna

بالکن

balcon

برنده / بالکن

terrasse

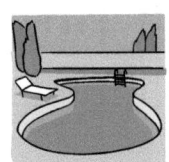

حوض

piscine

ماشین درو کردن چمن

tondeuse à gazon

ورق کاغذ

housse

روجایی

couette

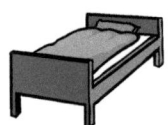

تختخواب

lit

جارو

balai

سطل

sceau

سویچ

interrupteur

اطاق نشیمن

salon

کاغذ دیواری
papier peint
تصویر
image
چراغ
lampe
قفسه
étagère
کابینت
armoire
تلویزیون
télé
بخاری دیواری
cheminée
گل
fleur
بالشت
coussin
کوچ
sofa
گلدان
vase
ریموت کنترول
télécommande

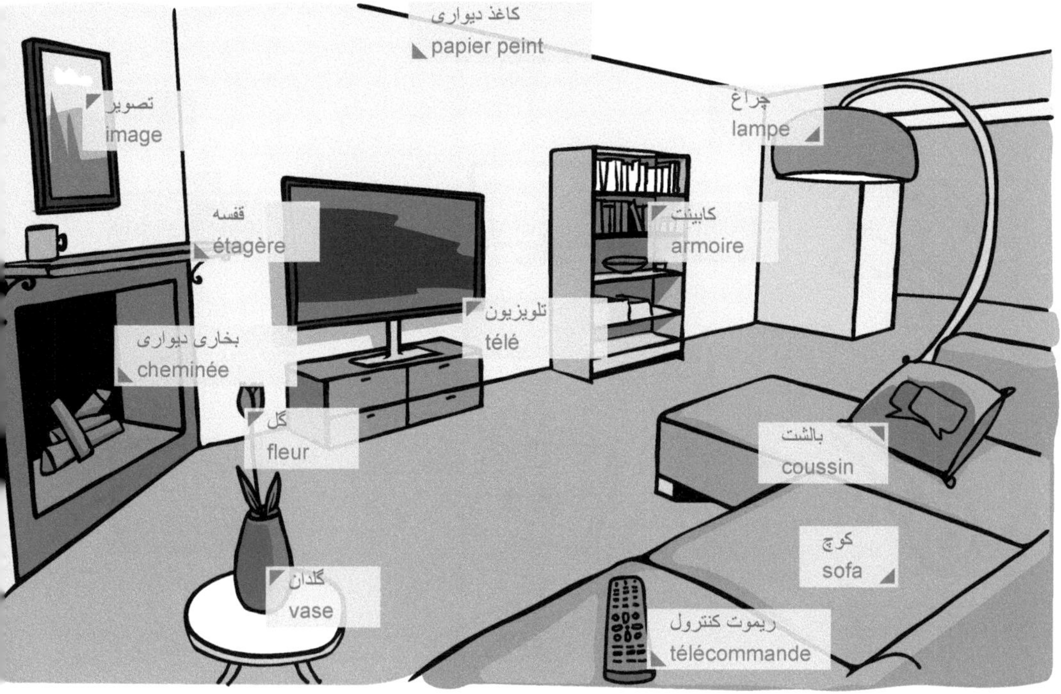

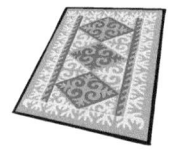

فرش

tapis

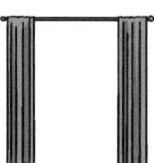

پرده

rideau

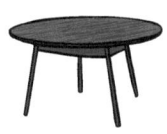

میز

table

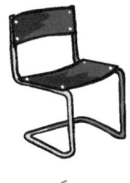

چوکی

chaise

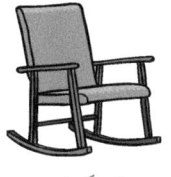

چوکی گهواره یی

chaise à bascule

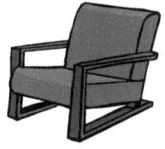

چوکی دسته دار

fauteuil

كتاب

livre

كمپل

couverture

دكوراسيون

décoration

هيزم

bois de chauffage

فلم

film

سيستم های فای

chaîne hi-fi

كليد

clé

روزنامه

journal

تابلوى نقاشى

peinture

پوستر

poster

راديو

radio

دفتر

bloc-notes

جاروبرقى

aspirateur

كاكتوس

cactus

شمع

bougie

آشپزخانه
cuisine

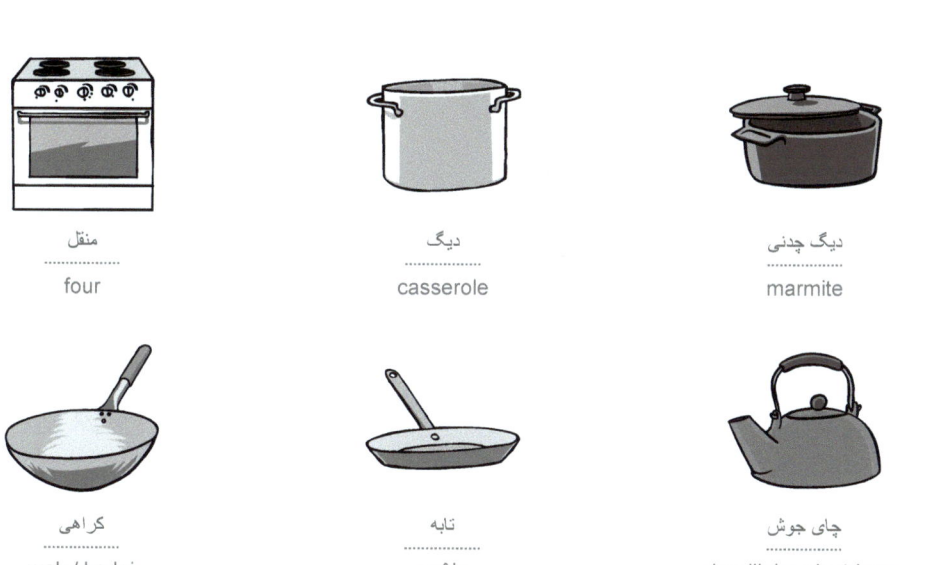

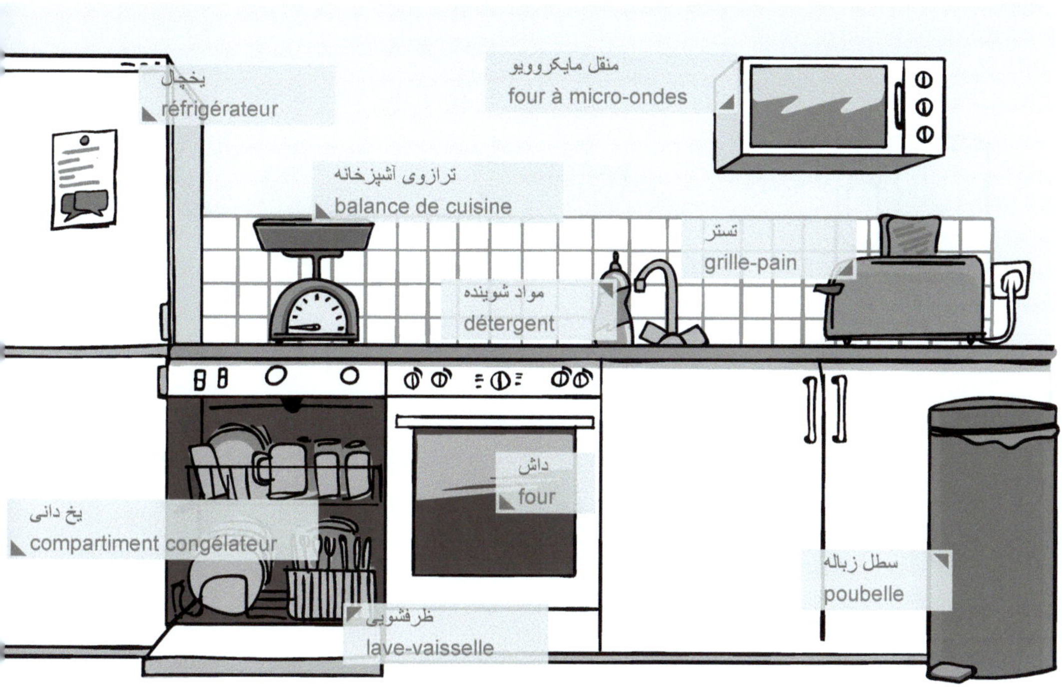

یخچال
réfrigérateur
منقل مایکروویو
four à micro-ondes
ترازوی آشپزخانه
balance de cuisine
تستر
grille-pain
مواد شوینده
détergent
داش
four
یخ دانی
compartiment congélateur
سطل زباله
poubelle
ظرفشویی
lave-vaisselle

منقل

four

دیگ

casserole

دیگ چدنی

marmite

کراهی

wok / kadai

تابه

poêle

چای جوش

bouilloire electrique

بخاریز

cuiseur vapeur

پطنوس طباخی

plaque de cuisson

ظروف

vaisselle

پیاله کلان

gobelet

کاسه

coupe

چاپستیک ها

baguettes

ملاقه

louche

کفگیر

spatule

مخلوط کننده

fouet

چلو صاف

passoire

غلبیل

tamis

رنده

râpe

هاونگ

mortier

بار بیکیو

barbecue

آتش باز

cheminée

تخته برش

planche à découper

آشگز

rouleau à pâtisserie

سر بازکن

tire-bouchon

قوطی

boîte

سر باز کن

ouvre-boîte

دستگیره تکه ای

maniques

ظرف شویی

lavabo

برس ظرف شویی

brosse

اسفنج

éponge

مخلوط کن

mixeur

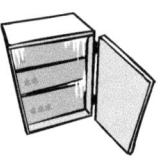

فریزر

congélateur

شیر چوشک اطفال

biberon

نل آب

robinet

حمام / دستشویی
salle de bain

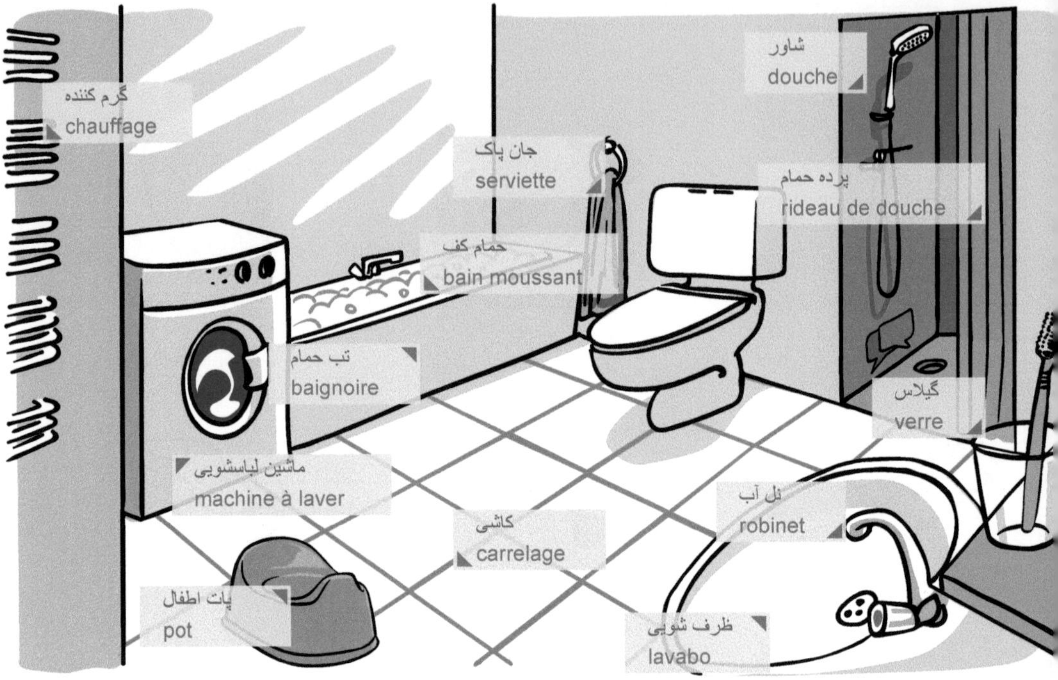

گرم کننده
chauffage
شاور
douche
جان پاک
serviette
پرده حمام
rideau de douche
حمام کف
bain moussant
تب حمام
baignoire
گیلاس
verre
ماشین لباسشویی
machine à laver
نل آب
robinet
کاشی
carrelage
پات اطفال
pot
ظرف شویی
lavabo

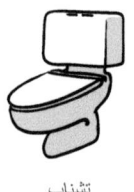

تشناب

toilettes

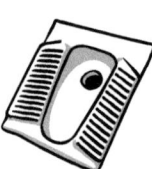

کمود فرشی

toilette à la turque

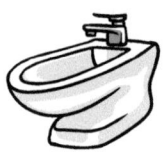

کمود

bidet

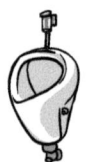

تشناب مرد ها

urinoir

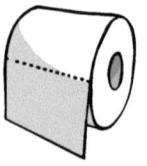

کاغذ تشناب

papier toilette

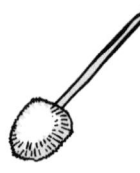

برس کمود

brosse à toilette

برس دندان

brosse à dents

کریم دندان

dentifrice

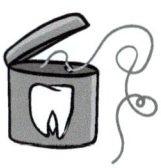

نخ دندان

fil dentaire

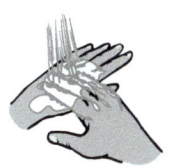

شُستن

laver

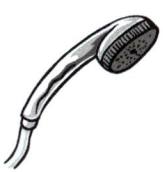

شاور دستی

douche manuelle

شاور کمود

douche intime

دستشویی

vasque

برس پُشت

brosse dorsale

صابون

savon

جل حمام

gel douche

شامپو

shampooing

لیف

gant de toilette

آب رو

écoulement

کریم

crème

دئودورانت

déodorant

آینه

miroir

آینه دستی

miroir cosmétique

ریش تراش

rasoir

کف ریش تراشی

mousse à raser

کلونیا

après-rasage

شانه موی

peigne

برس

brosse

سشوار

sèche-cheveux

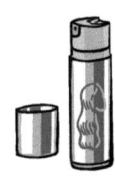

اسپری مو

laque pour cheveux

آرایش

fond de teint

لب سرین

rouge à lèvres

رنگ ناخن

vernis à ongles

پشم پنبه

ouate

ناخن گیر

coupe-ongles

عطر

parfum

کیسه شستشو

trousse de toilette

چوکی چار پایه

tabouret

ترازوی وزن

pèse-personne

جان پاک

peignoir

دستکش پلاستیکی

gants de nettoyage

تامپون

tampon

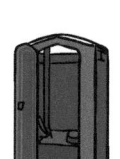

کوتکس

serviettes hygiéniques

تشناب سیار

toilette chimique

اطاق اطفال

chambre d'enfant

ساعت زنگ دار
réveil
گدی های نرم
doudou
موتر سامان بازی
voiture jouet
جرنگانه
hochet
خانه گدی
maison de poupée
هدیه
cadeau

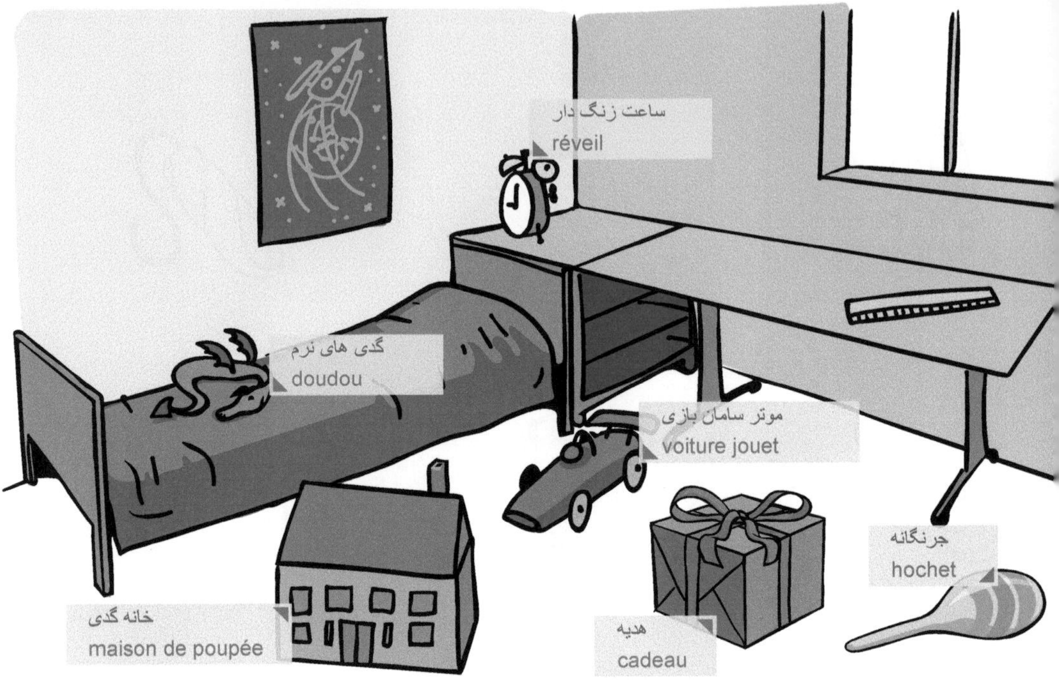

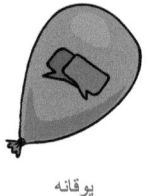

پوقانه

ballon

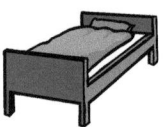

تختخواب

lit

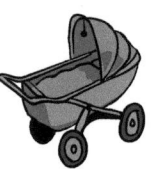

ریکشه اطفال

poussette

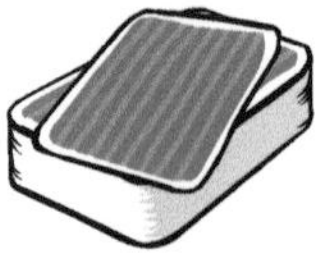

قطعه بازی

jeu de cartes

پازل

puzzle

SUPER
MEGA

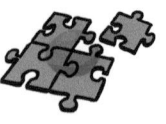

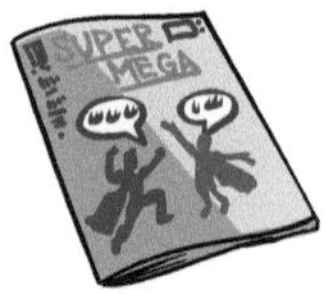

خنده آور

bande dessinée

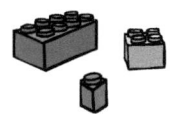

خشت های لگو

pièces lego

بلوک های سامان بازی

blocs de construction

پچه فلم

figurine

لباس طفل

grenouillère

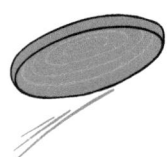

فریزبی

frisbee

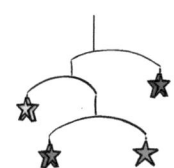

سامان بازی که روی تخت خواب اطفال
اویزان می شود

mobile

بازی تخته یی

jeu de société

تاس

dé

ریل اسباب بازی

train miniature

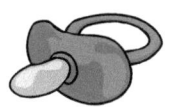

چوشک

sucette

مهمانی

fête

کتاب تصویری

livre d'images

توپ

balle

گدیگک

poupée

بازی کردن

jouer

جعبه ریگ

bac à sable

گاز

balançoire

اسباب بازی

jouets

کنسول بازی کمپیوتری

console de jeu

سه چرخه

tricycle

خرس سامان بازی

ours en peluche

الماری لباس

armoire

لباس

vêtements

جوراب

chaussettes

جوراب دراز

bas

برجس

collant

چادر سر
écharpe

کمربند
ceinture

چتری
parapluie

بلوز
t-shirt

بوت
bottes

چپلک
pantoufles

کرمچ
baskets

چپلی
sandales

بوت
chaussures

موزه پلاستیکی
bottes de caoutchouc

نیکر
sous-vêtements

واسکت زنانه
soutien-gorge

واسکت
maillot de corps

بدن

body

برزو

pantalon

پتلون کاوبای

jean

دامن

jupe

بلوز

chemisier

پیراهن

chemise

یالان

pull

جاکت کلاه دار

sweat à capuche

جاکت

veste

چمپر

veste

کورتی

manteau

کوت بارانی

imperméable

لباس مخصوص مراسم

costume

پیراهن

robe

لباس عروسی

robe de mariée

دریشی

costume

لباس خواب

chemise de nuit

پاجامه

pyjama

ساری

sari

چادر سر

foulard

لنگی

turban

چادری

burqa

کفتان

caftan

چادر

abaya

لباس آببازی

maillot de bain

نیکر پاچه دار

maillot de bain

پتلون نصفه

short

لباس ورزشی

tenue d'entraînement

پیش بند

tablier

دستکش

gants

دكمه

bouton

عینک

lunettes

دستبند

bracelet

گردن بند

collier

انگشتر

bague

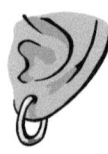

گوشواره

boucle d'oreille

کلاه پیک دار

bonnet

کوت بند

cintre

کلاه

chapeau

نیکتایی

cravate

زیپ

fermeture éclair

کلاه مصون

casque

بند تنبان

bretelles

یونیفورم مکتب

uniforme scolaire

یونیفورم

uniforme

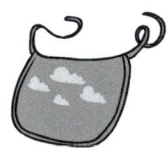

پیش بند

bavoir

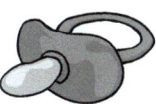

چوشک

sucette

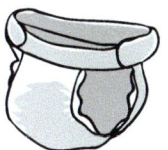

پمپر

lange

دفتر

bureau

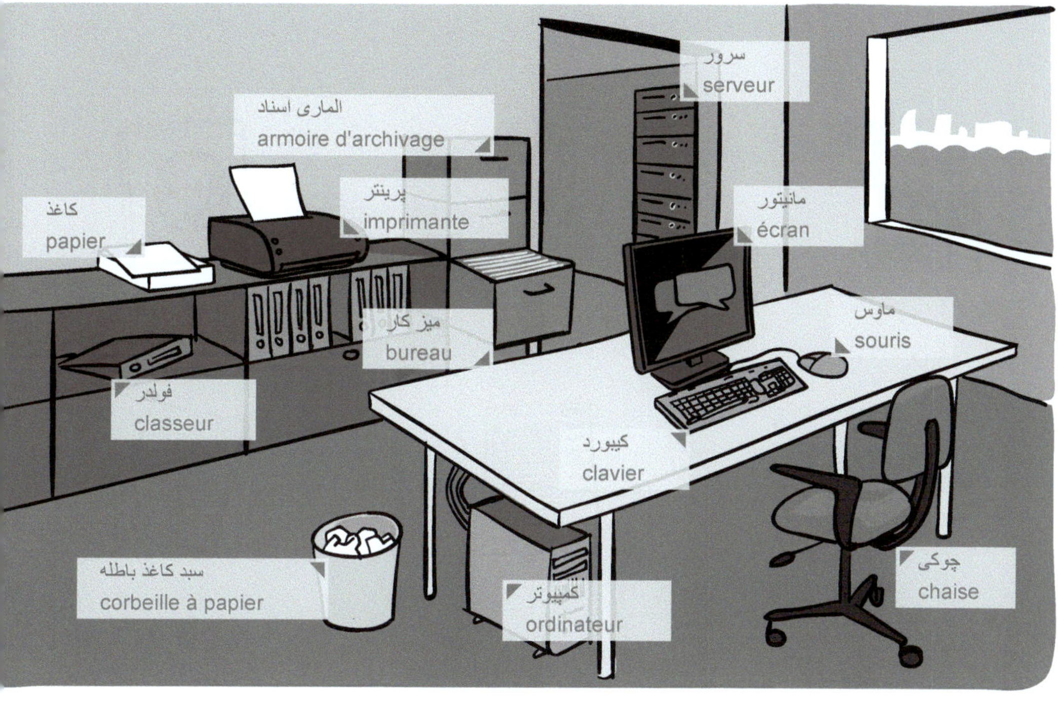
سرور
serveur
الماری اسناد
armoire d'archivage
پرینتر
imprimante
کاغذ
papier
مانیتور
écran
ماوس
souris
میز کار
bureau
فولدر
classeur
کیبورد
clavier
سبد کاغذ باطله
corbeille à papier
کمپیوتر
ordinateur
چوکی
chaise

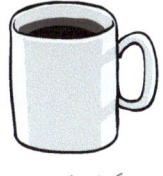

گیلاس قهوه

tasse de café

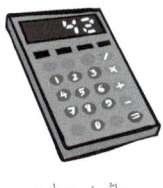

ماشین حساب

calculatrice

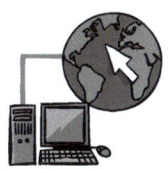

اینترنت

internet

لپ تاپ
....
ordinateur portable

نامه
....
lettre

پیام
....
message

موبایل
....
portable

شبکه
....
réseau

ماشین فوتوکاپی
....
photocopieuse

نرم افزار
....
logiciel

تلیفون
....
téléphone

پلک
....
prise

دستگاه فکس
....
fax

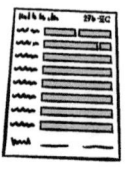

فورمه
....
formulaire

سند
....
document

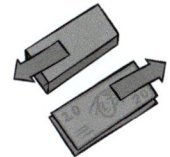

خرید کردن

acheter

پرداختن

payer

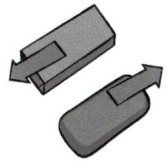

تجارت کردن

faire du commerce

پول

monnaie

دالر

dollar

یورو

euro

ین

yen

روبل

rouble

فرانک سوئیس

franc suisse

یوان رنمینبی

renminbi yuan

روپیه

roupie

خودپرداز

distributeur automatique

دفتر صرافى

bureau de change

طلا

or

نقره

argent

نفت

pétrole

انرژى

énergie

قیمت

prix

قرارداد

contrat

مالیات

taxe

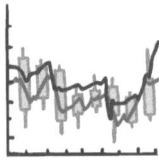

سهام

action

کار کردن

travailler

کارمند

employé

استخدام کننده

employeur

فابریکه

usine

مغازه

magasin

شغل ها

professions

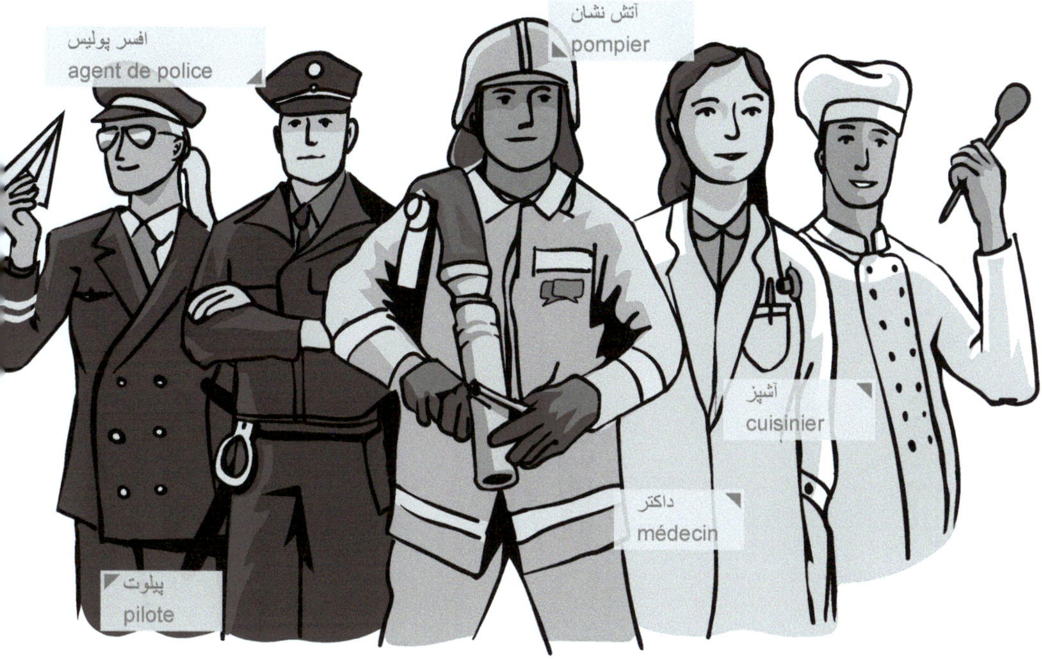

افسر پولیس
agent de police
آتش نشان
pompier
آشپز
cuisinier
داکتر
médecin
پیلوت
pilote

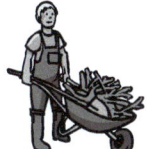

باغبان

jardinier

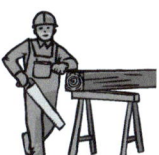

نجار

menuisier

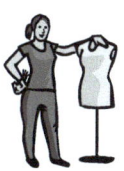

خیاط

couturière

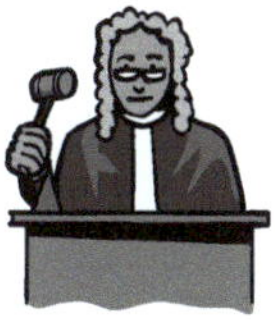

قاضی

juge

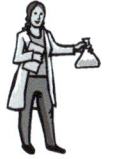

کیمیا دان

chimiste

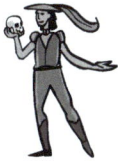

بازیگر

acteur

راننده بس

conducteur de bus

راننده تکسی

chauffeur de taxi

ماهیگیر

pêcheur

خدمه

femme de ménage

سقف ساز

couvreur

پیشخدمت

serveur

شکارچی

chasseur

نقاش

peintre

نانوا

boulanger

برقی

électricien

بنا

ouvrier

انجنیر

ingénieur

قصاب

boucher

نلدوان

plombier

پستچی

facteur

سرباز

soldat

معمار

architecte

صندوقدار

caissier

گل فروش

fleuriste

آرایشگر

coiffeur

مامور تکت ریل

contrôleur

میخانیک

mécanicien

کاپیتان

capitaine

داکتر دندان

dentiste

دانشمند

scientifique

خاخام/ عالم یهودی

rabbin

امام

imam

راهب

moine

ملا

prêtre

ابزار

outils

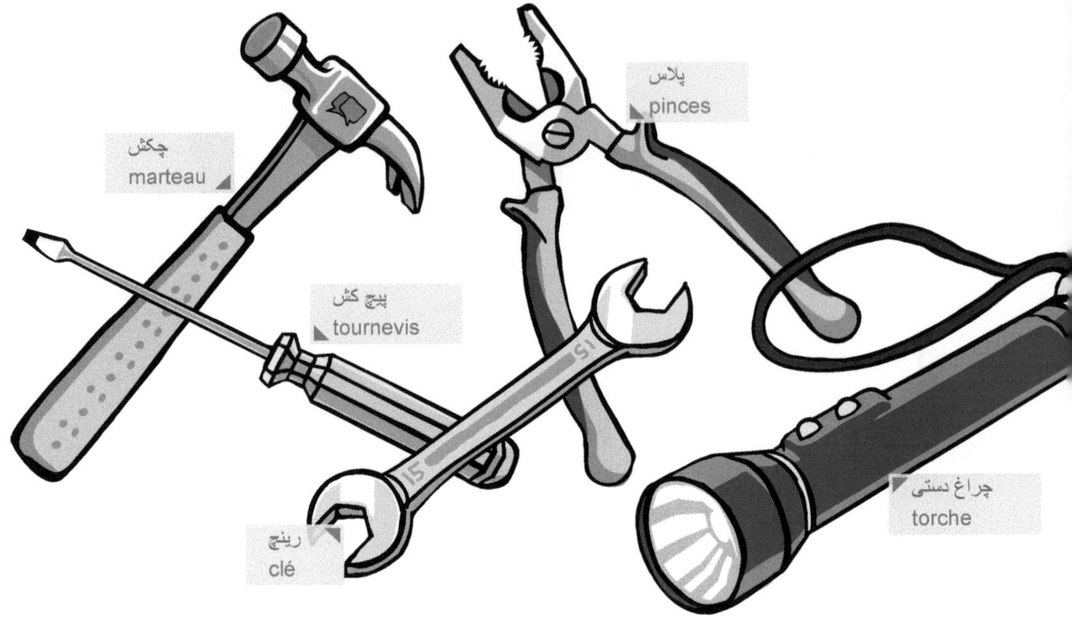
پلاس
pinces
چکش
marteau
پیچ کش
tournevis
چراغ دستی
torche
رینچ
clé

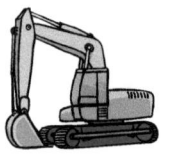

ماشین حفاری

pelleteuse

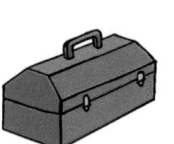

جعبه ابزار

boîte à outils

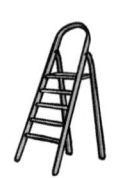

زینه

échelle

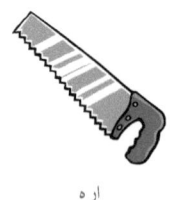

اره

scie

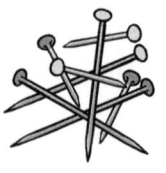

میخ

clous

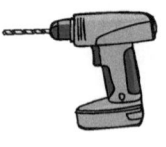

برمه

perceuse

ترمیم کردن

réparer

بیل

pelle

لعنتی!

Mince !

خاکروبه

pelle

سطل رنگ

pot de peinture

پیچ

vis

آلات موسیقی

instruments de musique

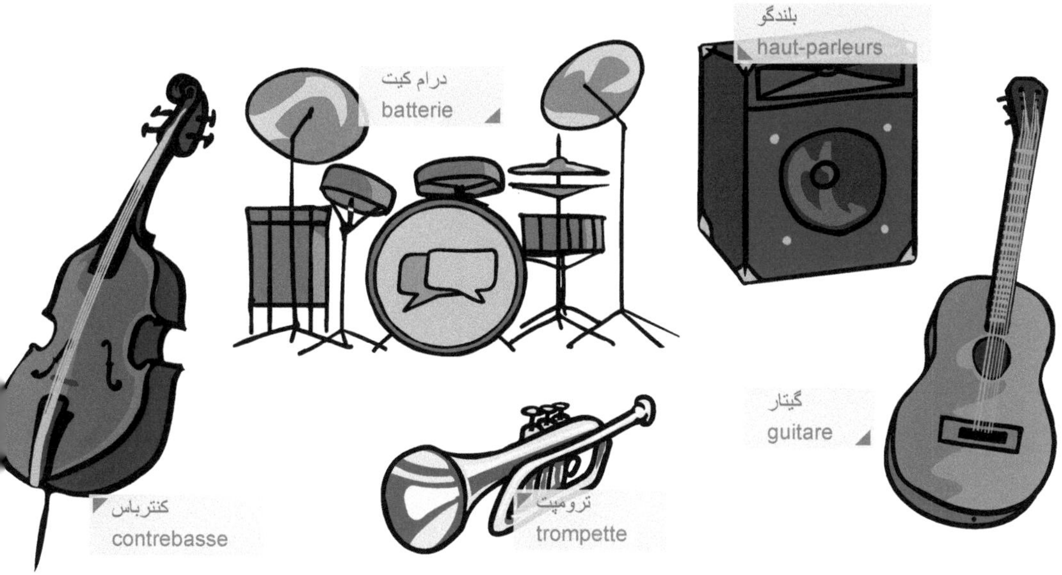

بلندگو
haut-parleurs

درام کیت
batterie

گیتار
guitare

کنترباس
contrebasse

ترومپت
trompette

پیانو
....

piano

وایلن
....

violon

گیتار بیس
....

basse

دهل
....

timbales

دول
....

tambour

پیانوی برقی
....

piano électrique

ساکسوفون
....

saxophone

توله
....

flûte

میکروفون
....

microphone

باغ وحش

zoo

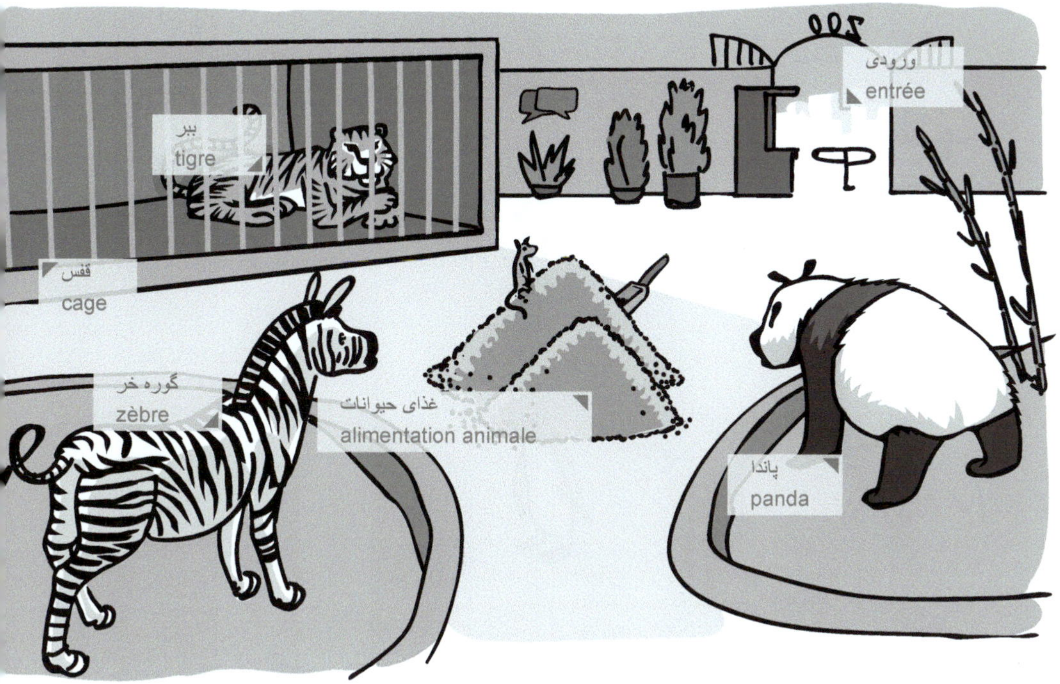

ورودی
entrée
ببر
tigre
قفس
cage
گوره خر
zèbre
غذای حیوانات
alimentation animale
پاندا
panda

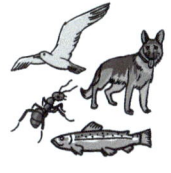

حیوانات

animaux

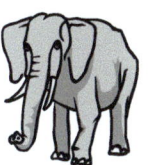

فیل

éléphant

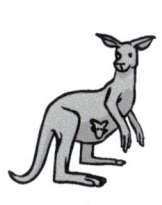

کانگورو

kangourou

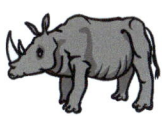

غژ گاو

rhinocéros

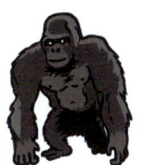

گوریلا

gorille

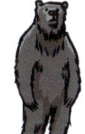

خرس

ours

شُتُر

chameau

شترمرغ

autruche

شیر

lion

میمون

singe

فلامینگو

flamand rose

طوطی

perroquet

خرس قطبی

ours polaire

پنگوئن

pingouin

کوسه

requin

طاووس

paon

مار

serpent

تمساح

crocodile

نگهبان باغ وحش

gardien de zoo

سگ آبی

phoque

پلنگ خالدار امریکایی

jaguar

اسب کوچک

poney

پلنگ

léopard

اسب آبی

hippopotame

زرافه

girafe

عقاب

aigle

خوک وحشی

sanglier

ماهی

poisson

سنگ پشت

tortue

شیر دریایی

morse

روباه

renard

غزال

gazelle

فوتبال امریکایی
american Football

بایسکل سواری
cyclisme

تنیس
tennis

باسکتبال
basket-ball

آب بازی
natation

بوکس
boxe

هاکی روی یخ
hockey sur glace

فوتبال

football

بدمینتون

badminton

ورزشکاری

athlétisme

هندبال

handball

اسکی

ski

پولو

polo

فعالیت ها
activités

خندیدن
rire
خیز زدن
sauter
بغل کردن
embrasser
راه رفتن
marcher
خواندن
chanter
خواب دیدن
rêver
دعا کردن
prier
بوسیدن
faire la bise

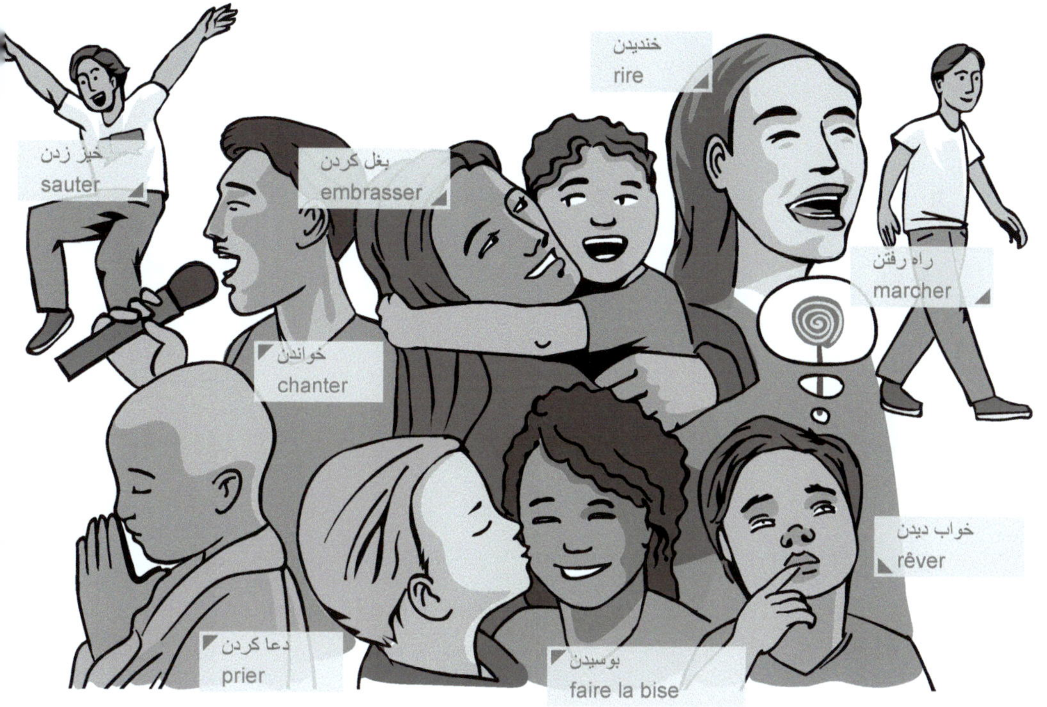

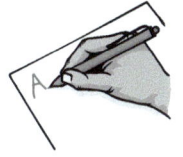

نوشتن
....
écrire

کشیدن
....
dessiner

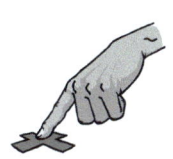

نشان دادن
....
montrer

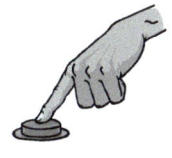

تیله کردن
....
pousser

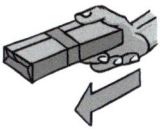

دادن
....
donner

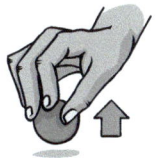

گرفتن
....
prendre

داشتن

avoir

انجام دادن

faire

بودن

être

ایستادن

être debout

دویدن

courir

کش کردن

trier

پرتاب کردن

jeter

افتادن

tomber

دروغ گفتن

être couché

صبر کردن

attendre

حمل کردن

porter

نشستن

être assis

لباس پوشیدن

s'habiller

خوابیدن

dormir

بیدار شدن

se réveiller

نگاه کردن

regarder

گریه کردن

pleurer

ضربه زدن

caresser

شانه کردن

peigner

صحبت کردن

parler

فهمیدن

comprendre

پرسیدن

demander

گوش دادن

écouter

نوشیدن

boire

خوردن

manger

مرتب کردن

ranger

عشق ورزیدن

aimer

پختن

cuire

راننده گی کردن

conduire

پرواز کردن

voler

روی آب حرکت کردن

faire de la voile

حساب کردن

calculer

خواندن

lire

یاد گرفتن

apprendre

کار کردن

travailler

ازدواج کردن

se marier

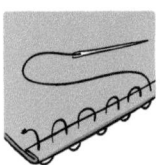

دوختن

coudre

برس کردن دندان ها

brosser les dents

کشتن

tuer

سگریت کشیدن

fumer

فرستادن

envoyer

فامیل

famille

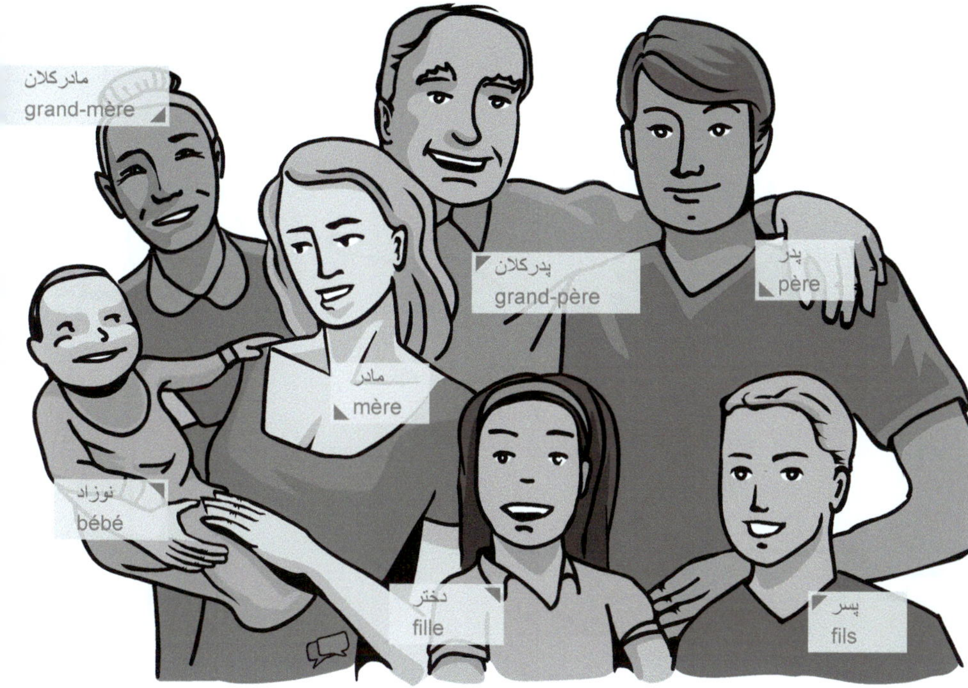

مادرکلان
grand-mère
پدرکلان
grand-père
پدر
père
مادر
mère
نوزاد
bébé
دختر
fille
پسر
fils

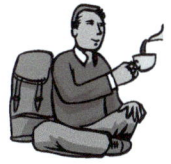

مهمان

hôte

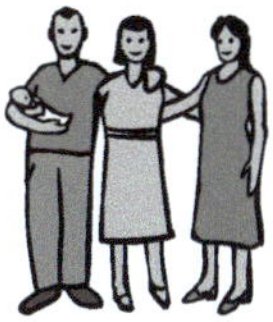

عمه / خاله

tante

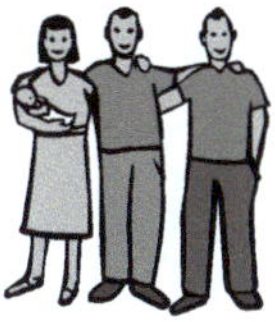

ماما/کاکا

oncle

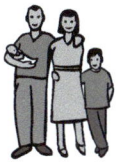

برادر

frère

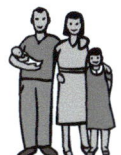

خواهر

sœur

بدن

corps

پیشانی
front
چشم
œil
شانه
épaule
انگشت
doigt
روی
visage
زنخ
menton
دست
main
پا
jambe
سینه
poitrine
بازو
bras

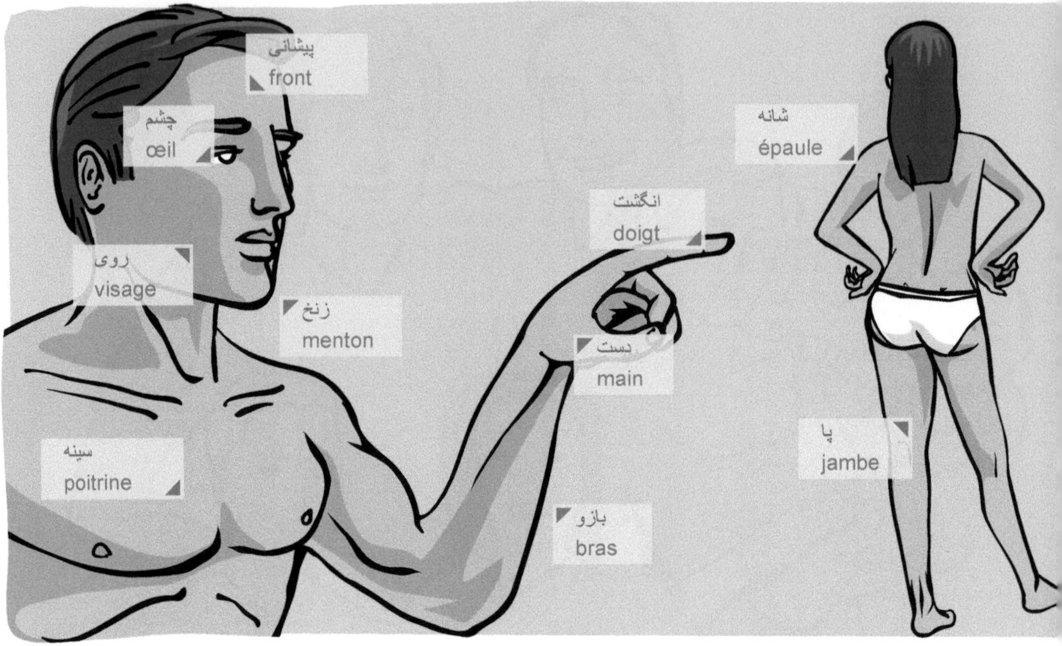

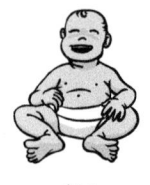

نوزاد

bébé

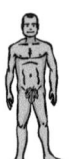

مرد

homme

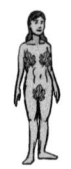

زن

femme

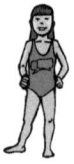

دختر

fille

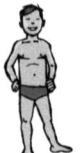

پسر

garçon

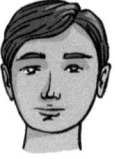

سر

tête

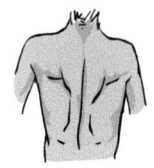

كمر

dos

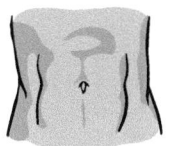

شكم

ventre

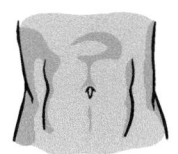

ناف

nombril

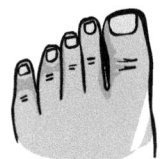

انگشت پا

orteil

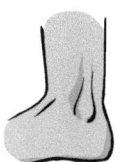

كوری پای

talon

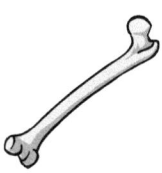

استخوان

os

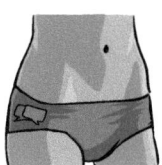

كمر

hanche

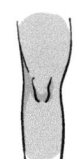

زانو

genou

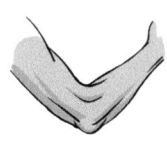

آرنج

coude

بینی

nez

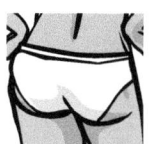

سرین

fesses

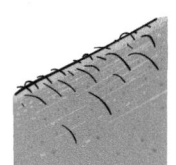

پوست

peau

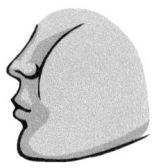

كومه

joue

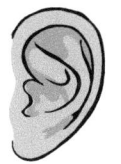

گوش

oreille

لب

lèvre

دهان
....
bouche

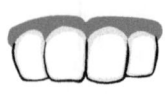

دندان
....
dent

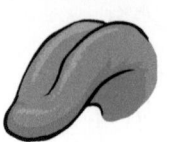

زبان
....
langue

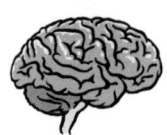

مغز
....
cerveau

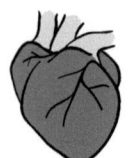

قلب
....
cœur

عضله
....
muscle

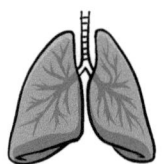

شش
....
poumons

جگر
....
foie

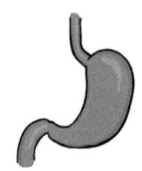

معده
....
estomac

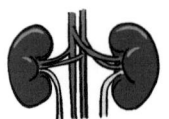

گرده
....
reins

رابطه جنسی
....
rapport sexuel

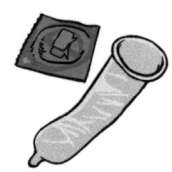

کاندوم
....
préservatif

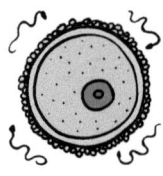

تخمه
....
ovule

آب منی
....
sperme

حاملگی
....
grossesse

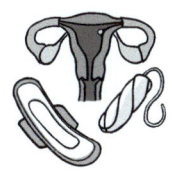

قاعده گی

menstruation

مجرای تناسلی زن

vagin

آلت تناسلی مرد

pénis

ابرو

sourcil

مو

cheveux

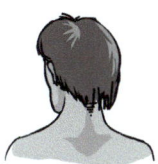

گردن

cou

شفاخانه
hôpital

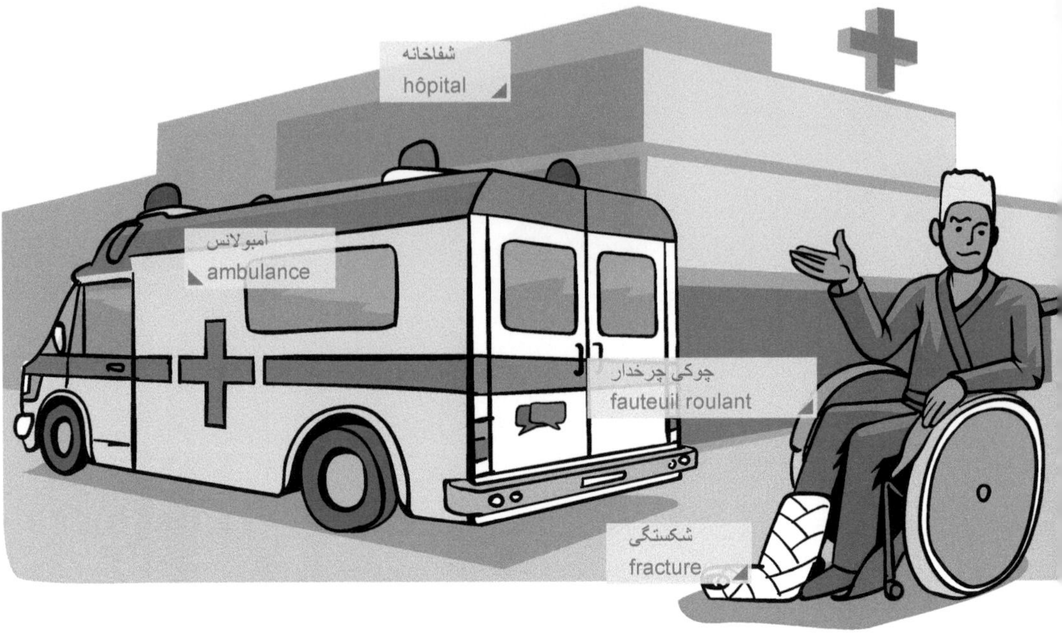

شفاخانه
hôpital
آمبولانس
ambulance
چوکی چرخدار
fauteuil roulant
شکستگی
fracture

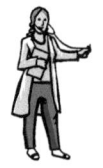

داکتر

médecin

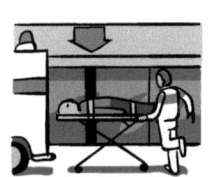

اطاق عاجل

service des urgences

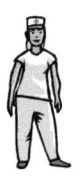

نرس

infirmière

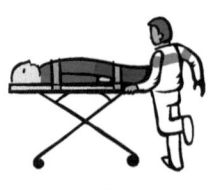

عاجل

urgence

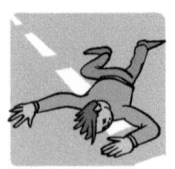

بیهوش

inconscient

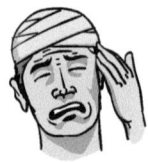

درد

douleur

جراحت

blessure

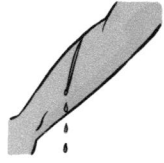

خونريزى

hémorragie

حمله قلبى

crise cardiaque

سكته مغزى

attaque cérébrale

حساسيت

allergie

سرفه

toux

تب

fièvre

انفلوانزا

grippe

اسهال

diarrhée

سردرد

mal de tête

سرطان

cancer

شكر

diabète

جراح

chirurgien

چاقوى جراحى

scalpel

عمليات

opération

سی تی

CT

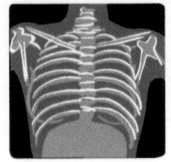

ایکسری

radiographie

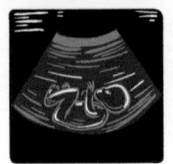

سونوگرافی

échographie

ماسک روی

masque

مریضی

maladie

اطاق انتظار

salle d'attente

عصا

béquille

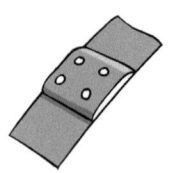

گچ

pansement

پانسمان

pansement

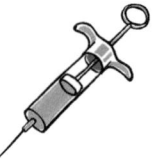

تزریق

injection

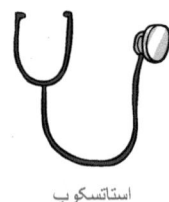

استاتسکوپ

stéthoscope

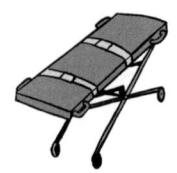

تذکره

brancard

ترمامیتر کلینیکی

thermomètre

تولد

accouchement

اضافه وزن

surcharge pondérale

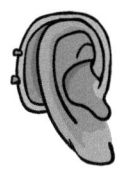

سمعک

appareil auditif

ضدعفونی کننده

désinfectant

عفونت

infection

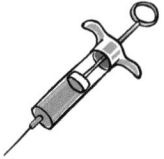

وایروس

virus

اچ آی وی / ایدز

VIH / sida

ادویه

médicament

واکسیناسیون

vaccination

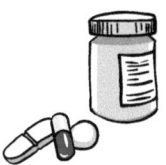

تابلیت ها

comprimés

تابلیت

pilule

تماس اضطراری

appel d'urgence

مانیتور فشار خون

tensiomètre

بیمار / سالم

malade / sain

كمک!

Au secours !

زنگ هشدار

alarme

تجاوز

assaut

حمله

attaque

خطر

danger

خروج اضطراری

sortie de secours

آتش!

Au feu!

آله ضد حریق

extincteur

حادثه

accident

بکسه کمک های اولیه

trousse de premier secours

پیام اضطراری

SOS

پولیس

police

اروپا

Europe

امریکای شمالی

Amérique du Nord

امریکای جنوبی

Amérique du Sud

آفریقا

Afrique

آسیا

Asie

استرالیا

Australie

اقیانوس اطلس

Océan atlantique

اقیانوس آرام

Océan pacifique

اقیانوس هند

Océan indien

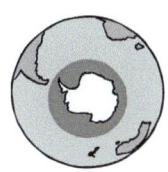

اقیانوس منجمد جنوبی

Océan antarctique

اقیانوس منجمد شمالی

Océan arctique

قطب شمال

pôle nord

قطب جنوب

pôle sud

قاره قطب جنوب

Antarctique

زمین

terre

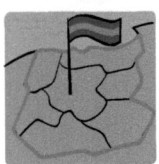

خشکی

pays

دریا

mer

جزیره

île

ملت

nation

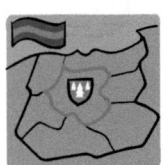

کشور

état

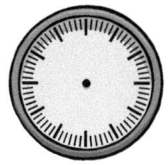

روی ساعت

cadran

عقربه ساعت شمار

aiguille des heures

عقربه دقیقه شمار

aiguille des minutes

عقربه ثانیه شمار

aiguille des secondes

ساعت چند است؟

Quelle heure est-il ?

روز

jour

زمان

temps

اکنون

maintenant

ساعت دستی دیجیتل

montre digitale

دقیقه

minute

ساعت

heure

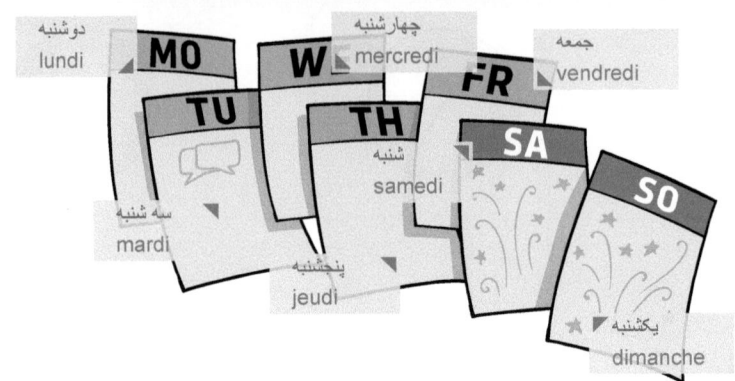

دوشنبه
lundi

چهارشنبه
mercredi

جمعه
vendredi

سه شنبه
mardi

شنبه
samedi

پنجشنبه
jeudi

یکشنبه
dimanche

دیروز
....

hier

امروز
....

aujourd'hui

فردا
....

demain

صبح
....

matin

ظهر
....

midi

غروب
....

soir

روزهای کاری
....

jours ouvrables

آخر هفته
....

week-end

سال
année

باران
pluie
رنگین کمان
arc-en-ciel
برف
neige
شمال
vent
بهار
printemps
خزان
automne
تابستان
été
زمستان
hiver

4.APRIL 11°
5.APRIL 4°
6.APRIL 13°
7.APRIL 8°
8.APRIL 10°

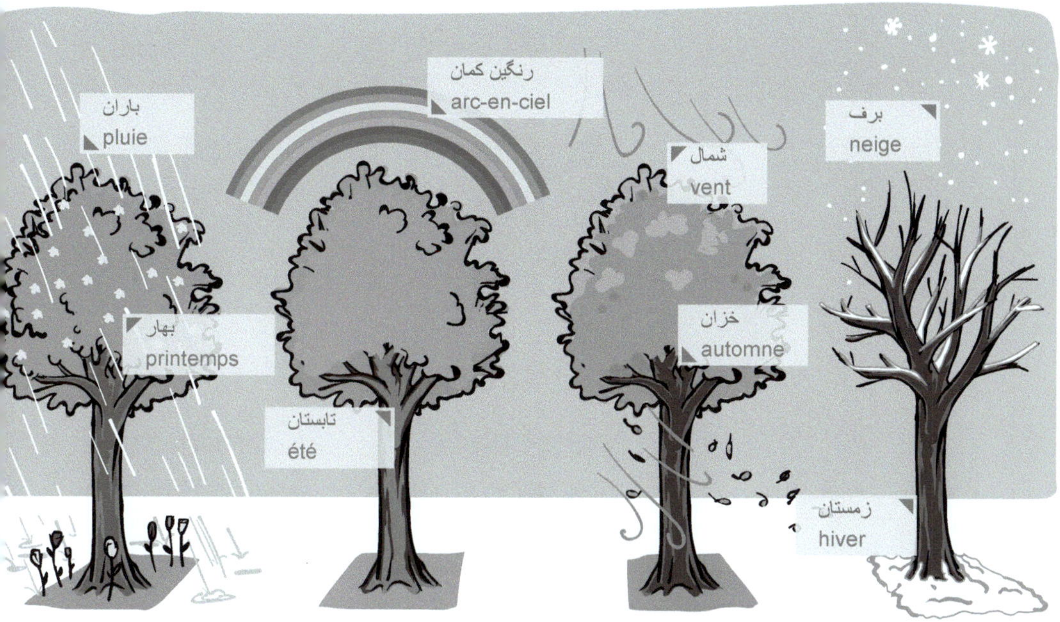

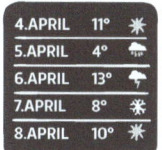

پیش بینی آب و هوا
....
météo

F C
120 40
90 30
60 20
30 10
0 0
-30 -10
-20

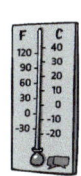

ترمامیتر
....
thermomètre

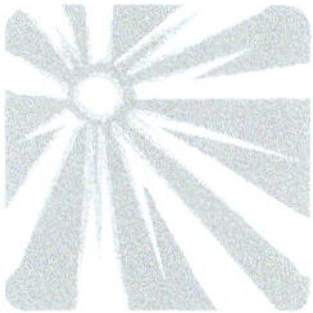

آفتاب
....
lumière du soleil

ابر
....
nuage

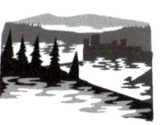

غبار
....
brouillard

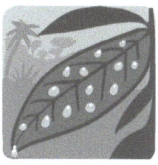

رطوبت
....
humidité

رعد و برق

foudre

الماسک

tonnerre

طوفان

tempête

ژاله

grêle

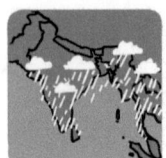

موسم بارندگی

mousson

سیل

inondation

یخ

glace

جنوری

janvier

فبروری

février

مارچ

mars

اپریل

avril

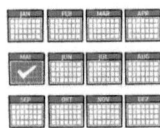

می

mai

جون

juin

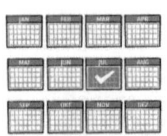

جولای

juillet

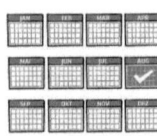

اگست

août

سپتمبر
septembre

اکتوبر
octobre

نومبر
novembre

دسمبر
décembre

شکل ها

formes

دایره
cercle

مربع
carré

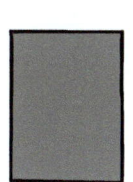

مستطیل
rectangle

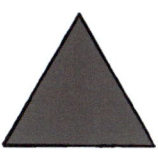

مثلث
triangle

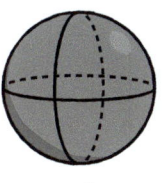

کره
sphère

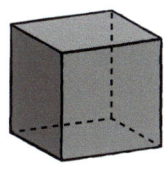

مکعب
cube

couleurs

سفید
....
blanc

زرد
....
jaune

نارنجی
....
orange

گلابی
....
rose

سرخ
....
rouge

بنفش
....
violet

آبی
....
bleu

سبز
....
vert

نصواری/قهوه یی
....
marron

خاکستری
....
gris

سیاه
....
noir

زیاد / کم

beaucoup / peu

عصبانی / آرام

fâché / calme

مقبول / بدرنگ

joli / laid

آغاز / پایان

début / fin

بزرگ / کوچک

grand / petit

روشن / تیره

clair / obscure

برادر / خواهر

frère / soeur

پاک / کثیف

propre / sale

کامل / ناقص

complet / incomplet

روز / شب

jour / nuit

مرده / زنده

mort / vivant

عریض / باریک

large / étroit

خوراکی / غیر خوراکی
....
comestible / incomestible

عصبانی / دوستانه
....
méchant / gentil

هیجان زده / کسل
....
excité / ennuyé

چاق / لاغر
....
gros / mince

اول / آخر
....
premier / dernier

دوست / دشمن
....
ami / ennemi

پر / خالی
....
plein / vide

سخت / نرم
....
dur / souple

سنگین / سبک
....
lourd / léger

گرسنگی / تشنگی
....
faim / soif

بیمار / سالم
....
malade / sain

غیر قانونی / قانونی
....
illégal / légal

باهوش / احمق
....
intelligent / stupide

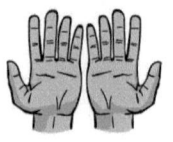

چپ / راست
....
gauche / droite

نزدیک / دور
....
proche / loin

نو / كهنه

nouveau / usé

هيچ چيز / چيزى

rien / quelque chose

پير / جوان

vieux / jeune

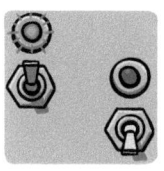

روشن / خاموش

marche / arrêt

باز / بسته

ouvert / fermé

بى صدا / پر سر و صدا

faible / fort

ثروتمند / فقير

riche / pauvre

صحيح / غلط

correct / incorrect

ناهموار / هموار

rugueux / lisse

غمگين / خوشحال

triste / heureux

كوتاه / بلند

court / long

آهسته / سريع

lent / rapide

تر / خشک

mouillé / sec

گرم / سرد

chaud / froid

جنگ / صلح

guerre / paix

nombres

0

صفر
....
zéro

1

یک
....
un / une

2

دو
....
deux

3

سه
....
trois

4

چهار
....
quatre

5

پنج
....
cinq

6

ششش
....
six

7

هفت
....
sept

8

هشت
....
huit

9

نه
....
neuf

10

ده
....
dix

11

یازده
....
onze

12

دوازده

douze

13

سیزده

treize

14

چهارده

quatorze

15

پانزده

quinze

16

شانزده

seize

17

هفده

dix-sept

18

هجده

dix-huit

19

نوزده

dix-neuf

20

بیست

vingt

100

صد

cent

1.000

هزار

mille

1.000.000

میلیون

million

انگلیسی

anglais

انگلیسی امریکایی

anglais américain

چینی ماندارین

chinois mandarin

هندی

hindi

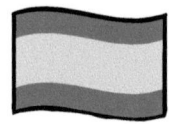

اسپانیایی

espagnol

فرانسوی

français

عربی

arabe

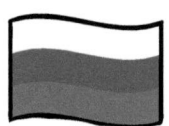

روسی

russe

پرتغالی

portugais

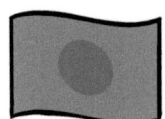

بنگالی

bengali

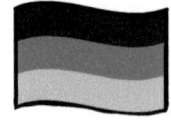

آلمانی

allemand

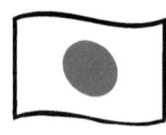

جاپانی

japonais

من

je

شما

tu

♂ ♀ O

او / او / آن

il / elle / ce, c', cela

ما

nous

شما

vous

آن ها

ils / elles

کی؟

Qui ?

چی؟

Quoi ?

چطور؟

Comment ?

کجا؟

Où ?

چه وقت؟

Quand ?

HELLO, I AM

اسم

nom

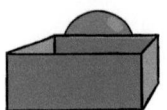

عقب
derrière

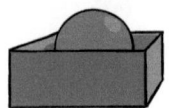

در
dans

پیش روی
devant

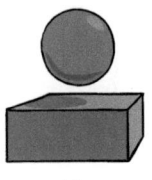

بالا
au-dessus

روی
sur

زیر
en-dessous

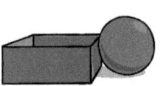

پهلو
à côté de

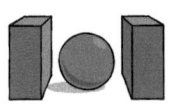

میان
entre

محل
lieu